くり返し読みたい日本の神様

監修　櫻井治男
（皇學館大学　名誉教授）
画　臼井治

はじめに

私たち日本人は、お宮参りや七五三、結婚式、厄祓いなど人生の節目ごとに神社へ参拝し、神様の前で手を合わせてきました。しかし、これほど身近な存在であるにも関わらず、私たちは神社に祀られている神様についてどれほど理解しているでしょうか。奈良時代にまとめられた「古事記」や「日本書紀」には、天照大御神《あまてらすおおみかみ》や須佐之男命《すさのおのみこと》、大国主神などの力強い神々が登場します。

本書は、そんな神話のエピソードを現代の人も親しめる物語としてアレンジして紹介しています。本書が、あなたと日本の神様のつながりを再発見できる一冊となれば幸いです。

目次

第一章　神話に登場する神（天つ神）

思金神　おもいかねのかみ　34
天宇受売命　あめのうずめのみこと　36
天之手力男神　あめのたぢからおのかみ　38
櫛名田比売　くしなだびめ　40
八岐大蛇　やまたのおろち　42
稲田宮主須賀之八耳神　いなだのみやぬしすがのやつみみのかみ　44
［コラム］日本人と「古事記」「日本書紀」　46
［コラム］「恵比寿」になった水蛭子　48

第二章　神話に登場する神（国つ神）

大国主神　おおくにぬしのかみ　50
須勢理毘売命　すせりびめのみこと　52

天菩比神　あめのほひのかみ　54
天若日子　あめのわかひこ　56
建御雷神　たけみかづちのかみ　58
八重事代主神　やえことしろぬしのかみ　60
建御名方神　たけみなかたのかみ　62
邇邇芸命　ににぎのみこと　64
猿田毘古神　さるたびこのかみ　66
大山津見神　おおやまつみのかみ　68
木花之佐久夜毘売　このはなのさくやびめ　70
火照命と火遠理命　ほでりのみこととほおりのみこと　72
塩椎神　しおつちのかみ　74
綿津見神　わたつみのかみ　76
豊玉毘売　とよたまびめ　78

玉依毘売命　たまよりびめのみこと　80
神倭伊波礼毘古命（神武天皇）　かむやまといわれびこのみこと　82
五瀬命　いつせのみこと　84
八咫烏　やたがらす　86
邇藝速日命　にぎはやひのみこと　88
倭建命　やまとたけるのみこと　90
［コラム］八十神の憎しみと「因幡の白兎」　92
［コラム］「天岩戸」と天孫降臨神話　94

第三章　仕事や生活を支える神

罔象女神　みつはのめのかみ　96
少名毘古那神　すくなびこなのかみ　98

気比大神　けひのおおかみ　100

五十猛神　いそたけるのかみ　102

伊斯許理度売命　いしこりどめのみこと　104

田道間守命　たじまもりのみこと　106

天棚機姫神　あめのたなばたひめのかみ　108

金山毘古神・金山毘売神　かなやまびこのかみ・かなやまびめのかみ　110

波邇夜須毘古神・波邇夜須毘売神　はにやすびこのかみ・はにやすびめのかみ　112

〔コラム〕「火の神」と古代の人々　114

第四章　歴史上の人物の神々

柿本人麻呂　かきのもとのひとまろ　116

吉備真備　きびのまきび　118

坂上田村麻呂　さかのうえのたむらまろ　120

菅原道真　すがわらのみちざね　122

平将門　たいらのまさかど　124

安倍晴明　あべのせいめい　126

崇徳天皇　すとくてんのう　128

後鳥羽上皇　ごとばじょうこう　130

楠木正成　くすのきまさしげ　132

武田信玄　たけだしんげん　134

織田信長　おだのぶなが　136

明智光秀　あけちみつひで　138

豊臣秀吉　とよとみひでよし　140

徳川家康　とくがわいえやす　142

吉田松陰　よしだしょういん　144

第五章　暮らしを守る神様

第一章
神話に登場する神（天つ神）

造化三神《ぞうかさんしん》

天地初《あめつちはじ》めて発《ひら》けしとき（古事記）

はじめ世界には、天と地の境目も分からないような混沌、カオスの状態がありました。そんな混沌のなかにうっすらと天と地の境目が生まれた瞬間を、古事記は「天地初めて発けし時」と記します。おぼろげながら世界が生まれたとき、そこに神々も現れたのです。この神とはなんでしょうか。それは、命あるもの、かたちあるものを生み出す力、エネルギーの源のことです。初めに、天之御中主神《あめのみなかぬしのかみ》という神が現れ、続いて高御産巣日神《たかみむすひのかみ》、神産巣日神《かみむすひのかみ》と続々と生まれました。神々をまとめて「造化三神」と呼びます。いずれも独神、つまり独り身であり、配偶者や後継者がおらず一代で姿を隠した神々です。

神社　千葉神社（千葉県千葉市）、星田妙見宮（大阪府交野市）

ご神徳　厄除開運、八方除

別天神《ことあまつかみ》

海月《くらげ》なす漂えるとき（古事記）

　このころ世界はまだ、海にふわりふわりと漂うくらげのように儚《はかな》げでした。そのなかで、水辺にしっかり根を張る葦《あし》のように生まれた神々がいました。宇《う》摩志阿斯訶備比古遅神《ましあしかびひこじのかみ》と、天之常立神《あめのとこたちのかみ》です。先の造化三神《ぞうかさんしん》とこの二柱の神々を合わせて「別天神」と呼びます。古事記のはじめには、別天神のように一瞬だけ姿を現し、あっという間に消えていく不思議な神々が登場します。やがて現れる天照大御神《あまてらすおおみかみ》や須佐之男命《すさのおのみこと》と比べると、造化三神や別天神の存在感は実に薄く幻のようであり、ゆえに、これから始まる強い個性を持つ神々の冒険譚《だん》がよりドラマチックに感じられるのです。

伊邪那岐命と伊邪那美命

いざなぎのみことといざなみのみこと

吾《あれ》と汝《いまし》とこの天《あま》の御柱《みはしら》を行き周《めぐ》り逢ひて（古事記）

天上の神々は、ある一組の若い男神と女神に、漂う海のなかに国を造るよう命じました。命じられたのは伊邪那岐命と伊邪那美命。日本を生んだ夫婦の神です。二柱の神々は天の浮橋《うきはし》に立ち、矛を海のなかに差し入れてすっと引き上げました。するとその先端から、ぽたぽたと塩がこぼれ落ちてやがて自《みず》ら固まり、美しい島になったのです。島の名前は、淤能碁呂島《おのごろしま》。伊邪那岐命と伊邪那美命はこの島へ降りて交わり、次々に子供を産み増やしていきます。伊邪那岐とは読んで字のごとく「誘う男」、伊邪那美とは「誘う女」の意味です。男と女として互いに惹かれ合い、愛し合い、支え合う、人間的な神々が現れたのです。

神社 多賀大社（滋賀県犬上郡多賀町）、伊弉諾《いざなぎ》神宮（兵庫県淡路市）

ご神徳 寿命長久、病気平穏、縁結び

水蛭子《ひるこ》

この子は葦舟《あしぶね》に入れて
流し去《う》てき（古事記）

伊邪那美命《いざなみのみこと》は、淤能碁呂島《おのごろしま》で夫である伊邪那岐命《いざなぎのみこと》と戯《たわむ》れていました。天御柱《あまのみはしら》を右からくるっと周り、左から回って顔を見合わせた伊邪那岐命に声をかけたのです。「あら、なんて素敵な男性でしょう」、夫である伊邪那岐命も答えます。「あなたこそ素敵な女性だ」この時、妻に導かれるように夫婦は結ばれました。しかし授かった子供を見て二人は驚きます。まるで蛭《ひる》のよ

神社　西宮神社（兵庫県西宮市）
ご神徳　豊漁守護、海上安全、商売繁盛

うに骨が無い子供だったのです。二人はこの子を葦《あし》の舟に乗せて川に流しました。天上からすべてを見ていた神々は二人に言いました。「女から誘ったからだ、はじめは男が誘わなくてはいけない」そこでまた柱をぐるりと回り伊邪那岐命から声をかけて交わると、今度は多くの島々が生まれたのです。

火之迦具土神《ひのかぐつちのかみ》

この子を生みしによりて、みほと炙《や》かえて病み臥《こや》せり。（古事記）

伊邪那岐命《いざなぎのみこと》と伊邪那美命《いざなみのみこと》は次々と神々を産みました。草木山河、すべての植物も動物たちも伊邪那岐命と伊邪那美命から生まれた子供たちです。ある日、伊邪那美命は新しい子供を身ごもります。それは炎の神、火之迦具土神でした。すべてを焼き尽くす力を持つ炎の神を生んだことで、母である伊邪那美命もまたその体を焼かれ、苦しみの果てに死んでしまいました。パートナーであり最愛の妻を亡くした伊邪那岐命は狂気のごとく怒り、生まれたばかりの我が子、火之迦具土神を刀で切り殺したのです。火之迦具土神の血は四方に飛び散り、そこからまた新たな神々が生まれました。

神社　秋葉山本宮秋葉神社（静岡県浜松市）、愛宕神社-若宮（京都府京都市）

ご神徳　火災消除、家内安全、厄除開運、商売繁盛、工業発展 など

黄泉の国の神

よみのくにのかみ

しばらく黄泉神《よもつかみ》と相論《あげつら》はむ。
我《あ》をな視《み》たまひそ。
（古事記）

突然、伊邪那美命《いざなみのみこと》を失った伊邪那岐命《いざなぎのみこと》は、その現実を受け入れられません。亡き妻を追い求め、はるばる黄泉の国まで探しに行きました。暗がりにうっすらと姿を現した亡き伊邪那美命は、一緒に戻ろうと迫る伊邪那岐命に伝えます。「黄泉の国の食べ物を口にしたので、私はもう簡単にそちらの世界へは戻れないのです。しかし黄泉の神へお願いしてみましょう、どうか私

を見ないで、そして待っていてください」しかし好奇心から思わず灯を掲げ、伊邪那美命の本当の姿を見てしまった伊邪那岐命は仰天します。あれほど美しかった白い肌も黒髪もすべてが抜け落ち、身体は腐り、流れ出る膿《うみ》とウジ虫がびっしりとはりついた恐ろしい姿だったのです。

黄泉醜女《よもつしこめ》

汝《いまし》の国《くに》の人草《ひとくさ》、一日に千頭《ちがしら》縊《くび》り殺さむ。（古事記）

夫が自分の姿を見て逃げ出したことを伊邪那美命《いざなみのみこと》は知りました。一目散に走り去る伊邪那岐命《いざなぎのみこと》を見て、哀しさは怒りに変わりました。伊邪那美命は鬼女、黄泉醜女に命じて彼のあとを追わせます。黄泉醜女が追いすがってくるのを見ると、伊邪那岐命は大きな岩で道をふさぎました。すると轟《とどろ》くような伊邪那美命の声が聞こえます。「私が愛した伊邪那岐命よ、なぜこんな仕打ちをするのですか、これから私は1日にあなたの国の人を1000殺してみせようぞ」すると伊邪那岐命も即座に言い返したのです。「やるがいい、私は1日に1500人の子を産んでみせるぞ」あれほど愛し合った二人の間に、もう愛は微塵《みじん》も残っていなかったのです。

天照大御神《あまてらすおおみかみ》

生みの終《はて》に三柱《みはしら》の貴き子を得つ。（古事記）

命からがら、黄泉《よみ》の国から生還した伊邪那岐命《いざなぎのみこと》は、その体についた穢《けが》れを清めるため流れの穏やかな河口にゆっくりと入り、禊《みそぎ》を始めました。まず服を脱ぐと、そこから新たな神々が生まれました。左目を洗うと天照大御神が、右目を洗うと月読命《つくよみのみこと》が、そして鼻を洗うと須佐之男命《すさのおのみこと》が生まれたのです。伊邪那岐命は彼ら三貴子にとても満足し、それぞれ治める国を授けました。一番初めに生まれた天照大御神には首飾りの美しい玉を渡して、太陽と昼間、それを司る高天原《たかまのはら》を治めるよう命じました。この玉は魂の宿ったもの。伊邪那岐命は自らの魂を振り、その分霊を授けたのです。

神社　伊勢神宮-内宮／皇大《こうたい》神宮（三重県伊勢市）

ご神徳　国土平安、五穀豊穣、生命力向上

月読命

つくよみのみこと

汝命《いましみこと》は、夜の食国《をすくに》を知らせ。（古事記）

月読命は、夜の国の統治を任されました。「日本書紀」には天照大御神《あまてらすおおみかみ》と月読命の間の別れが描かれています。ある時、天照大御神は月読命に保食神《うけもちのかみ》という神に会うよう命じます。月読命が会いに行くと保食神は海を向いて口から魚を吐き出し、山を向いて口から獣を吐き出し、その吐き出した食材で月読命の宴を準備しました。それは保食神にとって自然な姿だったのですが「吐き出したものを私に食べさせたのか」と激怒した月読命は一刀両断に保食神を斬り殺してしまいます。これに驚いた天照大御神は月読命と絶縁します。それゆえ今も太陽と月は決して顔を合わせず、それぞれ昼と夜に別れて輝いているのです。

神社 月山神社（山形県西村山郡）、伊勢神宮-月読宮（三重県伊勢市）など

ご神徳 産業繁栄、五穀豊穣、病気平癒 など

須佐之男命

すさのおのみこと

僕《あ》は妣国根堅州国《ははのくにねのかたすくに》に
罷《まか》らむと欲《おも》ふ。
（古事記）

天照大御神《あまてらすおおみかみ》、月読命《つくよみのみこと》に続いて生まれた須佐之男命は、父伊邪那岐命《いざなぎのみこと》から大きな海の支配を任されました。しかし彼はその任務を全うせず、いつも怒っては荒れ狂い、泣きわめいては周囲を困らせていました。手を焼いた伊邪那岐命は尋ねます。「おまえは何がそんなに不満なのか、なぜそんなに荒れ狂っているのだ」すると須佐之男命はちらりと父の顔を見て答えました。「私

神社　八坂神社（京都府京都市）、津島神社（愛知県津島市）

ご神徳　疫病、厄難災除け、家内安全、病気平癒、試験合格 など

は母、伊邪那美命《いざなみのみこと》に会いたいのです。いずれ黄泉《よみ》の国を旅しようと思っています」この言葉に怒りを感じた伊邪那岐命は、「わかった、出ていけ」と須佐之男命を追放してしまいます。行き場を失った須佐之男命は、別れを言いに姉である天照大御神の治める高天原《たかまのはら》へと昇っていきました。

宗像三女神《むなかたさんじょしん》

我《あ》が心、清く明《あか》し。故《かれ》、我《あ》が生める子は手弱女《たわやめ》を得つ。（古事記）

乱暴者の須佐之男命《すさのおのみこと》が、伊邪那岐命《いざなぎのみこと》から見放されて自分の支配地へ向かって来たことを、天照大御神《あまてらすおおみかみ》は苦々しく眺めていました。そんな姉の気持ちを察した須佐之男命は誠意を見せるために誓約《うけい》をしようと持ちかけます。お互いの持ち物を交換して神を生めば、相手が生んだ神に自分の本心が現れるというのです。天照大御神が口から息を吹くと、麗しい女神、宗像三女神が生まれました。次に、須佐之男命が息を吐きだすと、猛々しい男の神々が誕生したのです。勝ち誇って須佐之男命は言いました。「見よ、私の心が正しいから麗しい女神が生まれたぞ」一言も返せない天照大御神は、須佐之男命を信じるしかありませんでした。

神社　厳島神社（広島県廿日市市）、宗像大社（福岡県宗像市）、田島神社（佐賀県唐津市）

ご神徳　海上守護、航海安全、交通安全 など

思金神《おもいかねのかみ》

八百万《やはよろず》の神、天の安《やす》の河原《かはら》に神集《かむつど》ひ集ひて（古事記）

須佐之男命《すさのおのみこと》は、初めのうちこそ大人しく過ごしていましたが、だんだんと本性を現しはじめました。大切な田畑を荒らしたり、機織り女《はたおりめ》の仕事場に皮を剥《は》いだ馬を投げ入れたりと乱暴を始めたのです。弟の暴虐さに困惑した天照大御神《あまてらすおおみかみ》は、ある洞窟の重い扉、天岩戸《あまのいわと》を開けてそのなかに自らすっぽりと隠れてしまいました。太陽を司る女神が隠れたことで世界は闇に閉ざされました。来る日も来る日も夜が続き、困り果てた神々は知恵者である思金神に相談します。ちょっと思案すると、思金神はある計画を口にしました。「では、天照大御神が思わず出てきたくなるような愉快で楽しい宴を催してはどうでしょう」

神社　秩父神社（埼玉県秩父市）

ご神徳　政治、学問、工業（建築）、開運 など

天宇受売命

あめのうずめのみこと

ここに高天の原動《とよ》みて、八百万《やはよろず》の神共に笑ひき。（古事記）

選ばれたのは、抜群の踊りの才を持つ女神、天宇受売命でした。彼女は神聖な葉である笹をほっそりとした手に持ち、頭にはマサキノカズラをぐるりと巻きつけ、なんとも野性的な姿で桶の上に凛と立ちます。天岩戸《あまのいわと》の周辺はさながら盛大な祭りのよう。隠れていた天照大御神《あまてらすおおみかみ》は、思いがけない外の騒がしさに何事だろうと耳を欹《そばだ》てました。そんな天照大御神の気持ちを揺さぶるようにゆっくりと天宇受売命は踊り始めたのです。だんだん踊りが激しくなるにつれ彼女の衣もはだけ、その白い太ももや胸までも露わになっていきます。それを見た周りの神々は大笑いし、手拍子と共に大声で一緒に歌い、囃《はや》し立てたのです。

神社　猿田彦神社-境内社佐留女神社（三重県伊勢市）、椿大神社-別宮椿岸神社（三重県鈴鹿市）

ご神徳　技芸上達、夫婦和合、縁結び

天之手力男神《あめのたぢからおのかみ》

隠り立てりし天手力男神、その御手《みて》を取りて（古事記）

「あの騒がしい連中は何をやっているのだろう」音しか聞こえない岩戸のなか、天照大御神の好奇心は掻《か》き立てられます。ちょっとだけ見てみたい、しかし出ていけばまた須佐之男命《すさのおのみこと》と関わらなければならなくなる。このまま平穏な岩戸に引きこもっているほうがはるかに楽だ、そんな悩ましさのなか「一瞬だけ、ちらっと外を見てみよう」そう岩戸の扉に手をかけてわずかに開けた瞬間、怪力で知られる天之手力男神が内側から顔を出した天照大御神のお手をむんずとつかんで外へ引っぱり出したのです。転がるように天照大御神が姿を現したとたん、闇はまばゆいばかりの光に包まれ、空にはお日様の明るさが戻りました。

神社 戸隠神社-奥宮（長野県）、手力雄神社（岐阜県岐阜市・各務原市・大垣市など）
ご神徳 開運、心願成就、五穀豊熟、スポーツ必勝

櫛名田比売

くしなだひめ

老夫《おきな》と老女《おみな》二人ありて、
童女《をとめ》を中に置きて泣けり
（古事記）

高天原《たかまのはら》にとってなくてはならないのは天照大御神《あまてらすおおみかみ》であり、あの破壊ばかりで豊かさを何一つもたらさない須佐之男命《すさのおのみこと》は追い遣《や》ろう、神々の意見はまとまりました。再び居場所を失った須佐之男命は、ひとり出雲の国へと追放されたのです。出雲の地を放浪しているうちに、須佐之男命はある老夫婦に出会います。老夫の名は足名椎《あしなづち》、妻の名は手名椎《てなづち》、この老夫婦には櫛名田

神社　八重垣神社（島根県松江市）

ご神徳　縁結び、厄除け、授児、安産

比売という姫が一人いるのですが、この唯一の姫を、あたり一帯を支配する化け物へ差し出さねばならないというのです。須佐之男命の男らしさにすがりつくように見上げる老夫婦の眼差しに、須佐之男命は自分を必要としている人々がここにいることに気づきました。

八岐大蛇《やまたのおろち》

目は赤かがちの如《ごと》くして、身一つに八頭八尾《やかしらやを》あり。（古事記）

姫を食らうという化け物の名は八岐大蛇。体が一つに頭と尾が八つ、全身は八つの谷や峰々を軽く越えるほどの巨大な蛇というのです。しばらく考えると須佐之男命《すさのおのみこと》は「匂いをかぐだけでふらつくような醸《かも》し酒を用意せよ」と命じました。ある夜更け、香りにおびき寄せられた八岐大蛇が美酒を堪能《たんのう》してぐっすりと眠りこむのを見届けると、須佐之男命は一気に大蛇の胴体を切り割きました。尾の一か所にガツンと当たる何かがあります。細かく割いて見てみると渦文様のついた剣が出てきたのです。須佐之男命は後世に「草薙《くさなぎ》の剣」と呼ばれるこの太刀《たち》を、高天原《たかまのはら》の天照大御神《あまてらすおおみかみ》に献上したのです。

稲田宮主須賀之八耳神

いなだのみやぬしすがのやつみみのかみ

いましは、わが宮の首《おびと》に任《よ》ささむ（古事記）

八岐大蛇《やまたのおろち》を倒した須佐之男《すさのおの》命《みこと》は、自分を見つめる櫛名田《くしなだ》比売《びめ》の眼差しに深い信頼と尊敬を見てとると、なんともいえない喜びを感じました。彼は姫と共に、須賀の地の高台をゆっくりと歩きました。「ああ、吹き渡る風の素晴らしい場所だ、ここにあなたのための宮を建てよう、足名椎《あしなづち》よ、この宮殿の首《おさ》になってくれないか」須佐之男命は老夫、足名椎の手を取りそう告げる

と、彼を稲田宮主須賀之八耳神と名づけたのです。かつて須佐之男命は、父、伊邪那岐《いざなぎの》命《みこと》から広大な海の支配を任されました。しかし彼の心はいつも怒りと不安で荒れていました。それが今、この新しい土地でささやかな幸せを見出したとき、心はまるで春の海のように、穏やかに凪《な》いでいたのです。

日本人と「古事記」「日本書紀」

自分たちはどこから来たのか、そしてどこへ向かおうとしているのか、自らのルーツを求める思いは民族を超えて共通してあるものです。それは古代の日本人も同じでした。

日本人のユニークさは、自らの源を人間の営みではなく「八百万《やおよろず》」といわれる天地自然の神々に見出したことです。

歴史を経るにつれて地縁、血縁の社会集団ごとに様々な神様が生み出され、多くの物語が創出されました。そんなバラバラに伝承されていた神話を一つにまとめたのが大和朝廷です。

七世紀に大和朝廷は天皇を中心とした国家体制を整え、天皇家のルーツや正当性を広く氏族社会の共有のものとするため天武天皇の命により「古事記」を編纂しました。「伝承がいろいろあるので、今ここで正しい物語を明らかにし後世へと伝えたい」という趣旨を伝えています。

近い時代に立て続けに編纂された「古事記」と公的な歴史書である「日本書紀」、それぞれに役割があり内容も異なりますが、いずれも国家と人の成り立ち、そのありようを今に伝える貴重な資料なのです。

「恵比寿」になった水蛭子

葦の舟に乗せられて川へ流された水蛭子《ひるこ》、その後のストーリーが語られるのが、蛭子命《ひるこのみこと》を祭神とする恵比寿信仰の本拠地、兵庫県の西宮神社です。

それによると川から流された水蛭子は海岸へ漂着し、土地の人々によって「夷三郎《えびすさぶろう》」と名づけられて養育されたといいます。やがて「夷三郎大明神」、「夷大神」と名を変えて漁業の神として祀られました。

この恵比寿信仰を全国へ広げたのが西宮神社に属した人形使いの集団でした。彼らは「恵比寿舁《か》き」「恵比寿回し」などの演目を演じながら各地を巡りました。次第に恵比寿信仰は各地へと広がり、商業や農業振興の守護神としても祀られるようになったのです。

かつて小さな葦舟に乗せられて流された水蛭子は、はるかな時を経て力強い経済の守護神へと生まれ変わったのです。

第二章

神話に登場する神
（国つ神）

大国主神

おおくにぬしのかみ

根《ね》の堅州国《かたすくに》に参向《まゐむか》ふべし。必ずその大神《おおかみ》、議《はか》りたまひなむ。（古事記）

須佐之男命《すさのおのみこと》の六代後の孫が、大穴牟遅神《おおなむじのかみ》こと後の「大国主神」です。彼には八十神《やそかみ》と呼ばれる多くの兄神がいましたが、兄たちは大穴牟遅神を嫌っていました。大穴牟遅神の中に自分たちと異なる何かを感じていたからです。成長するにつれてそれは決定的なものとなりました。「私が愛しているのは大穴牟遅神です」八十神たちの憧れの姫君が求婚を断り、大穴牟遅神への愛を宣言したのです。この時から八十神たちの大穴牟遅神への嫌悪感は憎しみに変わりました。「このままではおまえは殺される、はやく逃げなさい」大穴牟遅神の母は我が子を逃し、大屋毘古神《おおやびこのかみ》は須佐之男命のいる根《ね》の堅州国《かたすくに》へと逃亡させます。

神社　出雲大社（島根県出雲市）

ご神徳　縁結び、農耕、漁業興隆 など

須勢理毘売命

すせりびめのみこと

汝《いまし》が持てる生大刀、生弓矢を持ちて、汝が庶兄弟《ままあにおと》をば、坂の御尾《みを》に追ひ伏せ（古事記）

須佐之男命《すさのおのみこと》の国へ逃げた大穴牟遅神《おおなむじのかみ》は、須佐之男命の最愛の娘、須勢理毘売命と恋に落ちてしまいます。これを知った須佐之男命は数々の試練を大穴牟遅神へ与えました。しかし、大穴牟遅神は怯《ひる》みません。怯むどころか、大穴牟遅神は眠りこんだ須佐之男命を襲い、その巨体を縛り上げて太刀と弓、琴を奪い、須勢理毘売命を連れて堅州国《かたすくに》からの脱出を図ったのです。二人を追いかけてきた須佐之男命は黄泉平坂《よもつひらさか》まで来るとそこで留まり、あたり一帯に轟《とどろ》くような声で言いました。「大穴牟遅神よ、私から奪ったその太刀と弓とで八十神《やそかみ》たちを退治し、娘と共におまえ自身の国を造れ、これからのおまえの名は、偉大な大国主神《おおくにぬしのかみ》だ」

神社　出雲大社 - 摂末社大神大后神社（島根県出雲市）、
春日大社 - 末社夫婦大国社（奈良県奈良市）

ご神徳　夫婦円満、良縁、福運守護

天菩比神
あめのほひのかみ

すなわち大国主神《おおくにぬしのかみ》に
媚《こ》び付きて、三年《みとせ》に至るまで
復奏《かへりごとまを》さざりき（古事記）

須佐之男命《すさのおのみこと》より授かった弓・太刀により八十神《やそかみ》たちを追いやった大国主神は、苦労の末に葦原中国《あしはらのなかつくに》という国を造り上げました。「ほお、あの須佐之男命も認めたという大国主神か」大国主神の名声は高く天照大御神《あまてらすおおみかみ》の治める高天原《たかまのはら》まで届いていました。

しかし、この噂を天照大御神は快く受け取りませんでした。葦原中国は、自分の子孫に統治させたいと思っていた

神社 天穂日命神社（鳥取県鳥取市）

ご神徳 農業、養蚕、絹糸、木綿、国土開発 など

からです。ある時、天照大御神は我が子の天菩比神に命じて、大国主神のもとへ行き、国を譲り渡すよう説得する役目を命じます。しかし天菩比神は大国主神に会うと、その深い魅力と大きな器量にすっかり心酔してしまい、その後三年間も天照大御神のもとへは戻らず、葦原中国へ留まってしまうのです。

天若日子

あめのわかひこ

下照比売《したてるひめ》を娶《めと》し、またその国を得むと慮《おもひはか》りて、八年《やとせ》に至るまで復奏《かへりごとまを》さざりき（古事記）

「大国主神《おおくにぬしのかみ》か、なかなかの器量なのだな」我が子を取りこまれたことを知った天照大御神《あまてらすおおみかみ》はそれでもあきらめません。次の手を探り始めました。より優秀で美しい天若日子を選び、同じ使命を与えて葦原中国《あしはらのなかつくに》へ送りこみました。しかし今度も同じような結果になりました。天若日子は、大国主神の娘である下照比売《したてるひめ》と深く愛し合うようになり、あっという間に八年もの歳月が経ったのです。さすがの天照大御神も苛立ち始め、使者のキジを飛ばして様子を探ります。「なにやら不吉な鳥が上空を飛んでいますぞ」忠告を受けた天若日子は、そのキジにきりりと弓を向けて、射殺してしまいました。

神社　天稚彦《あまわかひこ》神社（滋賀県犬上郡豊郷町）、高鴨神社（奈良県御所市）

ご神徳　農業守護、五穀豊穣、産業振興、商売繁盛、家内安全 など

建御雷神
たけみかづちのかみ

剣《つるぎ》を抜きて、逆《さかしま》に浪《なみ》の穂に刺し立て、その剣の先にあぐみ坐《ま》して（古事記）

息子たちが誰一人として使命を全うできないことを知った天照大御神《あまてらすおおみかみ》は、途方に暮れてつぶやきました。「これ以上一体誰を遣わせばよいのだ」それを聞いた思金神《おもいかねのかみ》が、ある神の名を挙げます。それは雷の神、武力の神、そして刀剣の神である建御雷神でした。建御雷神は、父である火之迦具土神《ひのかぐつちのかみ》が切り殺されたとき、その飛び散った血痕から生まれ出たという凄絶《せいぜつ》な生い立ちを持つ神でした。「葦原中国《あしはらのなかつくに》は、天照大御神の治めるべき国だ、あなたの考えはどうだ？」天照大御神より派遣された建御雷神は、逆さにした剣の切っ先にあぐらをかくという異様な姿で大国主神《おおくにぬしのかみ》に対面し、国譲りを迫ったのです。

神社　鹿島神宮（茨城県鹿嶋市）、春日大社（奈良県奈良市）

ご神徳　勝ち運、災難除け、平和・外交の守護、厄除け、開運、家内安全など

八重事代主神
やえことしろぬしのかみ

この国は、天つ神の御子に
立て奉らむ
（古事記）

大国主神《おおくにぬしのかみ》は、これまでの使者とは異なる建御雷神《たけみかづちのかみ》の存在感に惹きつけられました。「ふむ、では、わしの息子の一人、八重事代主神と話してみるがよい、彼がどのように答えるかな」八重事代主神は大国主神と神屋楯比売命《かむやたてひめのみこと》の間に生まれ、この世を超えた不思議な霊力を持つ神でした。葦原《あしはらの》中国《なかつくに》における、託宣《たくせん》を司る聖職者（聖なる人）のような存在だったのです。海で釣りや

神社　美保神社（島根県松江市）、諏訪大社・下社春宮（長野県諏訪市）
ご神徳　五穀豊穣、生命、生活の安全

鳥の猟をしているという八重事代主神へ大船を遣わして建御雷神が同じ問いかけをすると、意外なことに八重事代主神はあっけなくこう答えました。「まさにその通り、この国は天神《あまつかみ》の御子が継ぐべきですよ、国を譲ることにわたしは賛成です」そう言うなり不思議な呪文を唱えて、さっと海の彼方へ姿を消してしまったのです。

建御名方神《たけみなかたのかみ》

然らば力競《くら》べせむ（古事記）

大国主神《おおくにぬしのかみ》は、これを知ると侍者に命じました。「では、私のもう一人の息子、建御名方神も連れて来なさい」怪力を誇る建御名方神は大地を踏み鳴らしながらやってきました。「父よ、あなたが築き上げてきたこの葦原中国《あしはらのなかつくに》、命にかえても私が守りましょう」そう言うなり、炎のような勢いで建御雷神《たけみかづちのかみ》に掴みかかっていったのです。しかし建御名方神が建御雷神の腕をつかむと、その手は一瞬で氷になりました。驚いた建御名方神が次に体当たりすると、草木を引っこ抜くかのように軽々と建御雷神に投げ飛ばされてしまったのです。一部始終を静かに見守っていた大国主神は「分かりました」と言うと、国譲りを承諾したのです。

神社 諏訪大社（長野県）

ご神徳 五穀豊穣、生命、生活の安全

邇邇芸命

ににぎのみこと

この豊葦原水穂国《とよあしはらのみづほのくに》は、汝《いまし》知らさむ国ぞと言依《ことよ》さしたまふ（古事記）

「ついにあの大国主神《おおくにぬしのかみ》が承諾したのか」建御雷神《たけみかづちのかみ》を前に大国主神の二人の子が敗北し、大国主神が国譲りを承諾したということを、高天原《たかまのはら》の天照大御神《あまてらすおおみかみ》は万感の思いで聞きました。天照大御神と高木神はこの葦原中国《あしはらのなかつくに》の支配を、愛する孫である邇邇芸命へ命じます。「よき国を優れた者たちと共に築きなさい」天照大御神の期待に応えるべく、邇邇芸命はずらりと神々を引き連れ、三種の神器の草薙《くさなぎ》の剣《つるぎ》、八咫鏡《やたのかがみ》、そして八尺瓊勾玉《やさかにのまがたま》を携えて天の国から地上の国である葦原中国へ降りていったのです。天照大御神の孫が幾重にも雲をかき分けて降り下ったことから、人々はこれを「天孫降臨《てんそんこうりん》」と畏敬の念をこめて呼びました。

神社 霧島神宮（鹿児島県霧島市）、高千穂神社（宮崎県西臼杵郡）

ご神徳 国家安泰、五穀豊穣、家内安全、縁結び、夫婦円満 など

猿田毘古神

さるたびこのかみ

上《かみ》は高天《たかま》の原《はら》を光《てら》し、
下《しも》は葦原中国《あしはらのなかつくに》を光す神、
ここにあり（古事記）

天孫《てんそん》、邇邇芸命《ににぎのみこと》が葦原中国へ下ろうとしているまさにその時、道の中央に天界と葦原中国の両方を照らしている一柱の神がいました。邇邇芸命に同行していた天宇受売命《あめのうずめのみこと》が彼に気づいて問いかけました。「今まさに高天原《たかまのはら》より神々が降り下ろうとしているのですよ、そこに立ちふさがっているあなたは一体誰ですか」するとその神は、猿田毘古神と名乗ったのです。「日本書

神社　椿大神社（三重県鈴鹿市）、猿田彦神社（三重県伊勢市）

ご神徳　開運、災難除け、交通安全、殖産興業

紀」によれば背は高く、目は鏡のようにきらきら輝き、鼻は前にぐんと伸びていたと伝わっています。猿田毘古神は柔らかく微笑むと「かの天照《あまてらす》大御神《おおみかみ》の御孫が降り下って来られるとお聞きしたので道案内をさせて頂きたいと思い馳《は》せ参じました」嬉しそうにそう告げると列の先頭に立ったのです。

大山津見神《おおやまつみのかみ》

我《あ》が女、二《ふ》たり並べて立奉りし由は（古事記）

地上に降りた邇邇芸命《ににぎのみこと》は、一人の乙女に出会います。名を問うと、「大山津見神の娘、木花之佐久夜毘売《このはなのさくやびめ》」と答えました。邇邇芸命が大山津見神へ結婚を申し出ると彼は喜び、木花之佐久夜毘売と一緒に姉の石長比売《いわながひめ》も連れてきました。しかし邇邇芸命が欲したのは妹一人、丁重に姉の石長比売を送り返すと大山津見神はがっかりしてこう言いました。「姉の石長比売も得ればあなたの寿命は永遠のものとなったでしょう。木花之佐久夜毘売では一時の繁栄はあっても、あなたのお命は儚《はかな》いものとなりましょう」邇邇芸命が永遠の命を保証する石長比売を退けたことで、天孫《てんそん》といえども有限な寿命のなかで生きることになったのです。

神社　大山祇《おおやまづみ》神社（愛媛県今治市大三島）

ご神徳　森林漁業鉱山業守護、海上・渡航安全 など

木花之佐久夜毘売
このはなのさくやびめ

これ我《あ》が子には非じ、必ず国つ神の子ならむ（古事記）

木花之佐久夜毘売の木花とは桜の花こと。桜のように美しい妻を手に入れた邇《に》邇芸命《にぎのみこと》でしたが、一夜の契りで妻が身ごもったと知ると猜疑心《さいぎしん》に苛《さいな》まれます。「一晩で子ができるなどおかしい。あの美貌だ、国つ神と交わっていたのではないか」そんな邇邇芸命の疑いに気づくと木花之佐久夜毘売は怒りで体が震えました。「夫よ、天つ神の子を授かったという私の言葉を疑うのですか、ならば命をかけて誓約で証明してみせましょう」木花之佐久夜毘売は産屋《うぶや》に火を放ち、燃え盛る炎に飛びこみました。炎のなかで子を産む姫の潔白を証明するかのように、火照命《ほでりのみこと》、火須勢理命《ほすせりのみこと》、火遠理命《ほおりのみこと》の三男児が火傷ひとつ負わずに無事に生まれたのです。

神社 富士山本宮浅間大社（静岡県富士宮市）、静岡浅間神社（静岡県静岡市）

ご神徳 子育て、安産、家庭円満 など

火照命《ほでりのみこと》と火遠理命《ほおりのみこと》

各《おの》さち《おの》を相易《あひか》へて用ゐむ。（古事記・日本書紀）

木花之佐久夜毘売《このはなのさくやびめ》の息子たちはぐんぐん大きくなりました。長兄の火照命は海の漁夫として海幸彦《うみさちびこ》と呼ばれ、弟の火遠理命は山で猪などを狩る猟師として山幸彦《やまさちびこ》と呼ばれました。「兄さんはいいなあ、僕も釣り道具を使って海の仕事をしたいよ」山幸彦は何度も、釣り竿と針とを貸してほしい、海へ連れて行ってほしいと兄にせがみましたが頑として兄は受け入れません。「いかん、おまえはお前の仕事に専念しなさい、これは俺の仕事だ」でも山幸彦はあきらめませんでした。「一度でいいから道具を交換しておくれ」あまりにも山幸彦がせがむので兄の海幸彦は渋々、宝物のような仕事道具を貸してあげたのです。

神社 若狭彦神社-上社（福井県小浜市）、潮嶽《うしおだけ》神社（宮崎県日南市）

ご神徳 諸産業隆昌、海上安全、勝運招来 など

塩椎神《しおつちのかみ》

何《いか》にぞ虚空津日高《そらつひこ》の泣き患ひたまふ所由《ゆゑ》は（古事記）

はりきって舟を漕ぎだした山幸彦《やまさちびこ》でしたが、慣れない手で道具を操っていると、つるりと手がすべりました。「しまった」と思う間もなく釣り針はきらきら光りながら海の底へ落ちていったのです。顔を上げると怒りで真っ赤になった海幸彦《うみさちびこ》の顔がありました。「こうなると思っていた、あの道具はかけがえのないものだぞ」山幸彦は何度も謝り、自分の剣を釣り針につくり替えて差し出しましたが兄の怒りは収まりません。「同じものを取り戻せ、今すぐにだ」途方にくれた山幸彦が岸辺で泣いていると、潮流を司る塩椎神が現れて言いました。「では、船に乗って海の宮殿へ行ってごらんなさい、何か方法が見つかるかもしれませんよ」

神社　鹽竈《しわひこ》神社（宮城県塩竈市）、青島神社（宮崎県宮崎市）

ご神徳　海上安全、大漁満足、武運長久、国家安泰、安産守護 など

綿津見神《わたつみのかみ》

もし由《ゆゑ》ありや、また此間《ここ》に到《き》ませる由は、奈何《いか》に。（古事記）

「これは貴い方がいらしたぞ、大切にもてなさなくては」山幸彦《やまさちびこ》を見るなり、海の神の綿津見神はその高貴な生まれを察しました。そして娘の豊玉毘売《とよたまびめ》を山幸彦に娶《めと》らせて、一所懸命に山幸彦の世話をしたのです。しかし月日が経つにつれ、山幸彦の様子がどこかおかしいことに豊玉毘売は気づきます。「何かあったのですか」問いかけた妻に山幸彦は、兄の釣り針を探すためはるばるここへ来たことを打ち明けました。「なんと造作もないこと」綿津見神は一笑すると魚たちに命じて釣り針を見つけさせました。そして兄との再会で有利になるための秘薬、塩盈球《しおみつたま》と塩乾球《しおふるたま》を授けると、山幸彦を元の世界へと送り返したのです。

神社　志賀海《しかうみ》神社（福岡県福岡市）、海神社（兵庫県神戸市）

ご神徳　海上安全、航海守護、漁業守護、交通安全、再生回帰の神 など

豊玉毘売

とよたまびめ

妾今《あれ》、本の身をもちて産まむとす。願はくば、妾《あ》をな見たまひそ。（古事記）

海の知恵を備えて陸へと戻った山幸彦《やまさちびこ》は、兄と再会し、綿津見神《わたつみのかみ》から授かった宝を使って海幸彦《うみさちびこ》を自分の傘下に従えました。一方、身ごもった豊玉毘売は山幸彦を追って陸の世界へとやってきました。「絶対に産室《さんしつ》にいる私の姿は見ないでください」海の世界の存在である豊玉毘売は本当の姿を見られたら元の世界へ戻らねばならないのです。しかし妻が心配でたまらない山幸彦は、ついその産室を覗き見てしまいました。驚くことにそこには一匹のサメ、八尋和邇《やひろわに》がのたうち回る姿があったのです。「やはりあなたは見てしまったのですね」涙ながらに別れを告げた豊玉毘売は、子どもを残し、海の宮殿へと帰っていきました。

神社　豊玉姫神社（鹿児島県南九州市）、豊玉姫神社（千葉県香取市）

ご神徳　安産、子孫繁栄、農業守護

玉依毘売命

たまよりびめのみこと

その御子を治養《ひた》しまつる縁《よし》によりて
（古事記）

この時に山幸彦《やまさちびこ》と豊玉毘売《とよたまびめ》の間に生まれたのが、鵜萱草《うかや》葺不合命《ふきあえずのみこと》でした。最愛の夫と子を残して海の国へ戻っていった豊玉毘売は、しかし家族が愛しくて会いたくてたまりません。はるばる海の国から山幸彦へ「あなたの麗しいお姿を忘れられないのです」と愛の歌を送ると、涙ながらに山幸彦も歌を送り返してきたのです。「愛しい夫と子のために、一体今のわたしに何

神社　賀茂御祖神社-下賀茂神社（京都府京都市）、宮崎神宮（宮崎県宮崎市）

ご神徳　子宝、海上安全、漁業守護

ができるのだろうか」考えに考えた豊玉毘売は、息子のため若い妹を養育係として遣わすことに決めました。その名も玉依毘売命。少女のような玉依毘売命は、命をかけて姉の子である鵜葺草葺不合命を護り育てる役割を担うことになったのです。

神倭伊波礼毘古命（神武天皇）

かむやまといわれびこのみこと

何地《いづこ》に坐《ま》さば、平《たひ》らけく天《あめ》の下《した》の政《まつりごと》を聞こしめさむ。（古事記）

養育係として海の世界から送られた玉依毘売命《たまよりびめのみこと》は、鵜葺草葺不合命《うかやふきあえずのみこと》が大人になると妻となり、五瀬命《いつせのみこと》、稲氷命《いなひのみこと》、御毛沼命《みけぬのみこと》、後に神武天皇と呼ばれる神倭伊波礼毘古命の四人の子を産みました。神倭伊波礼毘古命は兄である五瀬命と共に、日向の高千穂で育ちました。仲のよい二人は、大きな夢を抱いて成長していったのです。やがて二人は高千穂を超えた外の世界へ興味を持つようになりました。「兄さん、東にはどんな国々や人々がいるのだろうね」神倭伊波礼毘古命の問いかけに対し、五瀬命は目を輝かせて答えたものです。「いつか東へ行こう、国造りをするために東を制覇するのだ」

神社　宮崎神宮（宮崎県）、橿原《かしはら》神宮（奈良県橿原市）

ご神徳　国家安泰、開運招福

五瀬命
いっせのみこと

なほ東《ひむがし》へ行かむ。（古事記）

「いざ東へ」野望に燃えた二人は故郷である日向《ひむか》に別れを告げ、長い旅へ出発しました。豊後《ふんご》の宇佐を経て筑紫《つくし》の岡田宮《おかだのみや》で一年を過ごし、安岐国《あきのくに》の多祁理宮《たけりのみや》で更に七年、吉備の高島宮《たかしまのみや》では八年を過ごしました。神倭伊波礼毘古命《かむやまといわれびこのみこと》と五瀬命は船に乗ってさらに東へ進むと、河内の白肩津《しらかたのづ》に停泊したのです。しかしこの場所は、荒くれ者の那賀須泥毘古《ながすねびこ》とその配下たちの支配地でした。「あの日に向かってやって来た侵略者どもを撃退しろ」那賀須泥毘古は激しく攻撃をしかけてきたのです。肩に矢を受けて負傷した五瀬命は奮闘しましたが叶わず「この私が、あのような賊に傷つけられて死ぬとは」そう絶叫し、無念のうちに亡くなります。

神社　竈山神社（和歌山県和歌山市）

ご神徳　災厄除去、交通安全、満願成就、縁結び など

八咫烏《やたがらす》

今、天《あめ》より八咫烏を遣《つか》はさむ。
（古事記）

兄を突然失った神倭伊波礼《かむやまといわれ》毘古命《びこのみこと》は、混乱していました。「これからの私は、何を支えとして、誰に相談しながら東を目指せばよいのだろうか」神倭伊波礼毘古命が絶望して空を仰ぐと、目の前には、異様な輝きを放つ剣が舞い降りてきたのです。あの大国主神《おおくにぬしのかみ》に国譲りをさせた、建御雷神《たけみかづちのかみ》の太刀でした。

そして大きな鳥が上空を旋回しているのに気づきま

神社　八咫烏神社（奈良県宇陀市）、賀茂御祖神社・下鴨神社（京都府京都市）

した。「なんだろう、あの巨大な鳥は」神倭伊波礼毘古命が手をかざして見上げたその瞬間、天照大御神《あまてらすおおみかみ》と高御産巣日神《たかみむすひのかみ》の声が天から響き渡ったのです。「天《あま》つ神《かみ》の御子よ、その八咫烏がお前を導くだろう。八咫烏の案内に沿って進みなさい」その鳥の後を追うと、山野を抜けついに奈良にたどり着いたのです。

邇藝速日命
にぎはやひのみこと

天つ神の御子天降《あも》りましつと聞けり。（古事記）

八咫烏《やたがらす》に導かれた一行は、ようやく吉野川の上流に着きました。「大和まであと一歩だ」一息ついたその時、再び、那賀須泥毘古《ながすねびこ》の軍勢が目の前に立ちはだかったのです。「決して先には行かせぬぞ」太刀を抜いた那賀須泥毘古の後ろから「やめよ」と一喝する神が現れました。那賀須泥毘古の主君、邇藝速日命がそこに立っていたのです。「この者たちの無礼をお許しください。私は邇藝速日命、あなたの大和入りをお手伝いします」神倭伊波礼毘古命《かむやまといわれびこのみこと》の手を取ると、邇藝速日命は畝傍《うねび》の橿原宮《かしはらのみや》へ迎え入れたのです。こうして十六年に及ぶ東征の旅は終わりました。神倭伊波礼毘古命は神々の庇護によって、初代・神武天皇《じんむてんのう》となったのです。

神社　高千穂神社（宮崎県西臼杵郡）
ご神徳　夫婦円満

倭建命

やまとたけるのみこと

倭《やまと》は国のまほろば　たたなづく青垣《あをかき》　山隠《やまごも》れる　倭し麗《うるは》し（古事記）

少年、倭建命はその猛々しい性格ゆえに、父、景行《けいこう》天皇から疎まれていました。「はるか遠くにある、西の熊曾《くまそ》を討て」と命じられた倭建命は父の宿敵・熊曾《くまそ》を討つために少女に変装して宴会に紛れ込み、短剣で熊曾をめった刺しにして殺します。しかし景行天皇は息子の力に恐れを感じてさらなる遠征を命じます。「どうしたら父は私を認めてくださるのだろう」姨《おば》の倭姫命《やまとひめのみこと》から授かった草薙《くさなぎ》の剣《つるぎ》と火打ち石の入った袋を胸に、倭建命はさらなる闘いへ向かいますが、伊吹山《いぶきやま》の神との戦いで剣を忘れ、傷を負って絶命するのです。「父よ、ようやく私はあなたのもとへ帰れます」倭建命の魂は白い鳥となり故郷大和へと飛んでいったのです。

神社　熱田神宮（愛知県名古屋市）、大鳥神社（大阪府堺市）、焼津神社（静岡県焼津市）

ご神徳　国家安泰、家内安全、身体健全 など

八十神の憎しみと「因幡の白兎」

末弟の大国主神《おおくにぬしのかみ》を殺すべく陰謀をめぐらす兄の八十神《やそがみ》。彼らの大国主神への憎しみは何が原因だったのでしょうか。その理由の一つに、有名な「因幡《いなば》の白兎」の物語があります。

憧れの稲羽《いなば》の八上比売《やがみひめ》に求婚するため八十神たちが大国主神を従えて旅をしていると、ワニザメを欺いたせいで皮を剥がれて傷ついた兎に出会います。

『海塩を浴びて山の頂で風と日光に当たって横になっていれば治る』と八十神たちから偽りを教えられ、さらなる痛みに苦しむ兎を救ったのが大国主神でした。『今すぐ真水で体を洗って蒲の穂を取って敷き散らし、その上を転がって花粉を付けなさい』大国主神の知恵によって救われた兎は深く感謝すると『あの八十神たちは姫と決して結婚することはできないでしょう』と予言します。

その予言通り、姫は八十神たち

の求婚をはねのけ、大国主神に『袋を背負われるあなた、私をあなたのものにしてください』と求愛するのです。

一匹の兎の救済と予言、そして憧れの八上比売が八十神を拒否し大国主神を選んだことが決定打となり、八十神たちの大国主神への憎悪は命を狙うほどの苛烈《かれつ》なものになっていくのです。

「天岩戸」と天孫降臨神話

天照大御神《あまてらすおおみかみ》は、邇邇芸命《ににぎのみこと》へ地上世界の統治を命じます。このとき同行した神々を見ると、思金神《おもいかねのかみ》、天宇受売命《あめぬうずめのみこと》、天之手力男神《あめのたぢからおのかみ》と、かつて「天岩戸」に天照大御神がお隠れになった際に尽力した神々が再登場していることに気づきます。さらにこの時に登場する「三種の神器」のうち鏡と勾玉《まがたま》も、岩戸から天照大御神を誘い出す際に使われた道具です。

これは、天照大御神こそが実質的には葦原中国《あしはらのなかつくに》を統治していくという演出だとされています。

本来ならば天照大御神が地上に降りて直接統治するのが理想的ですが、高天原を治める身としてそれはできません。そこで自らの子孫を遣わし、「天岩戸」の天照大御神の再出現に尽力した神々や祭祀《さいし》に用いられた品々を授け、天照大御神の威光が天上界のみならず地上界にも及んでいることを知らせる力の演出がなされているのです。

第三章
仕事や生活を支える神

罔象女神《みつはのめのかみ》

水と農耕の神

「みつはのめ」とは、水が走る、水の出始《ではじ》めという意味です。かつて伊邪那美命《いざなみのみこと》が火の神、火之迦具土神《ひのかぐつちのかみ》を産んだとき、ひどい火傷を負い、苦しみのあまり病床で嘔吐したり糞尿を漏《も》らしたりしました。罔象女神はそんな伊邪那美命の尿から生まれた女神です。水は人間にとってなくてはならぬもの、農耕の民である日本人にとっては、田畑を耕し、実りを得るためにも必要不可欠でした。ここから、罔象女神は流れる水を司る神でもあり、農耕にもつながりを持つ神として祀られるようになったのです。所によっては安産の神とされることもあります。

神社　丹生川上神社-中社（奈良県吉野郡東吉野村）

ご神徳　農耕守護、祈雨・止雨、子授け

少名毘古那神《すくなびこなのかみ》

医薬、酒造、温泉の神

かの大国主神《おおくにぬしのかみ》が葦原中国《あしはらのなかつくに》の国造りを始めていたころ、海の彼方からガガイモの殻で出来た小さい舟に、まるで豆粒のような神がちょこんと乗って漕いで来るのを見つけました。名を聞くと「我は少名毘古那神、私は大国主神を助けるために来た」そう胸を張って答えるのです。体こそ小さいものの、話をしてみると、少名毘古那神は大国主神が驚《きょう》愕《がく》するほどの知識の持ち主で

神社　湯神社（愛媛県松山市）、少彦名神社（大阪府大阪市）

ご神徳　国土平安、病気平癒、諸産業隆昌

あることが分かります。酒造や穀物の栽培法、医療、薬学まであふれるほどの知識を持ち、病に倒れた大国主神を温泉に入れて癒やすなどの手腕で、大いに大国主神を助けたのです。これらの伝承から、少名毘古那神は薬の神、温泉、病気平癒や国家安泰の神として祀られるようになりました。

気比大神

けひのおおかみ

漁業と航海の神

気比大神は、気比《けひ》神宮に祀られている航海と漁業の神様です。ある日、応神《おうじん》天皇の配下である建内宿禰《たけのうちのすくね》の夢のなかに、気比大神が現れて言いました。「あなたの主君の名と、わたしの名を交換しませんか?」。なにしろ夢のなかでのこと、宿禰が慎み畏《かしこ》まって了承すると、気比大神は即座にこう言ったのです。「では明日お礼を致します。海辺へいらっしゃい」半信半疑の応神天皇と宿禰が翌朝に海へ行ってみると、あふれるほどのイルカと海の幸が岸辺で飛び跳ねていたのです。この伝承から、気比大神は敦賀《つるが》の気比神宮に祀られ、海の幸と航海、漁業を護る神とされるようになりました。

神社 気比神宮（福井県敦賀市）

ご神徳 航海安全、五穀豊穣、無病息災

五十猛神《いそたけるのかみ》

緑と林業の神

　五十猛神は、かの須佐之男命《すさのおのみこと》から生まれました。そして須佐之男命が天照大御神《あまてらすおおみかみ》らの逆鱗《げきりん》に触れて高天原《たかまのはら》を追放になったとき、五十猛神も須佐之男命に付き従って一緒に地上に降り下ってきたのです。その時に五十猛神は、一粒の種をしっかり握りしめていました。やがて五十猛神は降臨した島で一粒一粒、種を撒きながら旅を始めたのです。五十猛神の撒いた後はみるみるうちに芽吹き、木々も花々もすくすく育ち、島はあっという間に緑豊かな素晴らしい国になりました。この伝承から五十猛神は林業の神様として、広く人々の尊敬を集めるようになったのです。

神社　伊太祁曾神社（和歌山県和歌山市）

ご神徳　殖産興業繁栄・安全、病気平癒、厄除け

伊斯許理度売命

いしこりどめのみこと

鏡と金属加工の神様

　天照大御神《あまてらすおおみかみ》が天岩戸《あまのいわと》へお隠れになったとき、神々は歌ったり踊ったり、あらゆる手段で天照大御神を取り戻そうとしました。そのとき、美しい手づくりの八咫鏡《やたのかがみ》を使って天照大御神を導き出そうと試みたのが、伊斯許理度売命です。伊斯許理度売命の八咫鏡は、かの草薙《くさなぎ》の剣《つるぎ》と八尺瓊勾玉《やさかにのまがたま》と共に三種の神器と呼ばれ、邇邇芸命《ににぎのみこと》の天孫降臨《てんそんこうりん》の時には「この鏡をわたしの魂と思って大切にせよ」と天照大御神から命じられます。かくも貴重な宝物を造った伊斯許理度売命は鏡だけでなく鉄工業や金属加工の神として祀《まつ》られるようになったのです。

神社　鏡作坐天照御魂神社（奈良県磯城郡田原本町）、生國魂《いくくにたま》神社－鞴《ふいご》神社（大阪府大阪市）

ご神徳　硝子産業、美容、理容関係、美の神

田道間守命

たじまもりのみこと

お菓子と果物の神（日本書紀）

垂仁《すいにん》天皇の時代に、天皇は田道間守に、はるか異国にある不老不死の木の実〝非時香菓《ときじくのかぐのこのみ》〟を手に入れるように命じました。田道間守は海を渡り大河を越え、およそ10年近くの艱難辛苦《かんなんしんく》の旅の末に、ようやく垂仁天皇の求める木の実を見つけ出し、命がけで祖国へ持ち帰りました。しかし、すでに天皇は崩御されていたことを知らされるのです。衝撃のあまり、田道間守は持ち帰った木の実の半分を墓前に捧げたままその場から動かず、やがて餓死して殉死したのです。古代の木の実や果実はお菓子として認知されていたことから、やがて田道間守はお菓子の神様と呼ばれるようになりました。

神社　中嶋神社（兵庫県豊岡市）

ご神徳　製菓

天棚機姫神《あめのたなばたひめのかみ》

着物と織物の神様

かつて天照大御神《あまてらすおおみかみ》が天岩戸《あまのいわと》へお隠れになったとき、神々たちは祝詞《のりと》を上げたり、装飾品を作ったり、魅惑的な踊りを踊ったりと、考えうるあらゆる方法を使って天照大御神を呼び戻そうとしました。この時、天棚機姫神は目を奪うような美しい衣「神衣和衣《かみむそにきたへ》」を自ら織り、捧げた女神です。名前の「織」も読んで字のごとく、織機《しょっき》のこと。このときの出来事から天棚機姫神は、

神社 機物《はたもの》神社（大阪府交野市）

ご神徳 織物、商売繁盛

織物の神様そして機織《はたおり》の神様として尊崇されるようになったのです。また、天乃香久山《あまのかぐやま》に植えた桑《くわ》の木で蚕《かいこ》を育て、その美しい絹糸で衣を仕立て天照大御神へ捧げたという伝承もあります。

金山毘古神・金山毘売神

かなやまびこのかみ・かなやまびめのかみ

炎と金属産業を司る夫婦神

かつて伊邪那美命《いざなみのみこと》が火の神、火之迦具土神《ひのかぐつちのかみ》を産んだとき、ひどい火傷を負ってしまいました。苦しみのあまり伊邪那美命は病床で幾度も嘔吐し、その吐しゃ物から生まれ出たのが、この金山毘古神と金山毘売神です。火と熱、そして金属加工は分かちがたく結びついています。金山毘古神と金山毘売神は、その名からもわかるように鉱石や鉱山の神様であり、金属加工の技術も司っています。金山毘古神と金山毘売神は、鉱山の神、鍛冶や鋳物の守護神として人々から信仰されるようになったのです。

神社 黄金山神社（宮城県石巻市）

ご神徳 金属加工業守護、刃物守護、金運隆昌、商売繁盛 など

波邇夜須毘古神　波邇夜須毘売神

はにやすびこのかみ
はにやすびめのかみ

土と陶芸の神

土と、土から生まれる陶芸の神々です。当時の言葉で「ハニ」は粘土、「ネヤス」はものを練って柔らかくする意味がありました。かつて伊邪那《いざな》美命《みのみこと》が火の神、火之迦具土神《ひのかぐつちのかみ》を産んだとき、火傷の苦しみのあまり病床で幾度も吐いたり排泄したりしました。この波邇夜須毘古神・波邇夜須毘売神は、そんな伊邪那美命の排泄物から生まれ出たのです。糞や排泄物は粘土に似て

神社　榛名《はるな》神社（群馬県高崎市）

ご神徳　陶磁器業守護、殖産興業、火難除け、縁結び など

おり、また豊かな肥料となることから、二柱も土の神様として崇められるようになりました。土からできるものに土器や陶芸品があります。波邇夜須毘古神・波邇夜須毘売神は土器の神様としても広く祀《まつ》られるようになったのです。

「火の神」と古代の人々

火は生活に不可欠ですが、同時にすべてを焼き尽くす恐ろしい一面を持っています。

台所で「火廼要慎《ひのようじん》」と記したお札が貼られていることがあります。かつては地域によって「竈神《かまどがみ》」「荒神《こうじん》」あるいは「オカマサマ」等と呼ばれ、竈を新調した時などにこの神様を祀ることが行われてきました。

火の神は昔の人々にとって威力が激しくなると共同体全員の命を脅かすような恐ろしい存在でした。そのため火の扱いは慎重で、神様に備える食べ物の調理にあたっても、普段使いの火とは別に新たに火を起こして使う「別火《べっか》」も行われてきました。「火廼要慎」のお札は鎮火の神として信仰を集める神社から授与されたもの、ご祭神は火之迦具土神《ひのかぐつちのかみ》です。

火の神様を恐れ、崇める気持ちは脈々と続いているのです。

第四章
歴史上の人物の神々

柿本人麻呂

（660年頃～724年）

かきのもとのひとまろ

山辺赤人《やまべのあかひと》と共に「歌聖《かせい》」と評される柿本人麻呂は、飛鳥時代の歌人でした。長歌《ちょうか》では複雑かつ多様な対句を用い、長歌の完成者とまで称賛されました。感性豊かに、そして巧みに歌を詠むことが文化人の必須条件であった平安時代に、人麻呂は単に歌人として評価されただけでなく、文化人たちの和歌の上達に霊験がある神として尊崇されるようになったのです。歌会に

神社　柿本神社（島根県益田市）、柿本神社（兵庫県明石市）

ご神徳　学問成就、産業成就、疫病厄除け、安産、火伏せ など

おいて人麻呂の絵姿と一首を掲げて、詠《よ》み手の歌の上達を祈願する「人麿影供《ひとまろえいぐ》」も行われるようになりました。『十訓抄《じっきんしょう》』によると藤原兼房《ふじわらのかねふさ》が夢に出てきた人麻呂を絵に描かせ、後に藤原顕季《ふじわらのあきすえ》がこれを模写して影供《えいぐ》を始めたことが伝わっています。人麻呂を祀る神社は全国に50社程あります。

吉備真備《きびのまきび》（695年〜775年）

吉備真備は、奈良時代の儒学者・政治家・兵学者です。文化の黎明《れいめい》期であった古代日本において、遣唐使として中国、唐へ留学し18年間にわたって唐に留まりました。唐での評価も高く、『続日本紀《しょくにほんぎ》』には「唐において認められたのは真備と阿倍仲麻呂《あべのなかまろ》だけだった」といった記述があり、現に西安《せいあん》には吉備真備の記念碑も建立されました。帰国後は経書、史書をはじめとして、天文、暦法、音楽、兵法などの新しい知識を習得して日本へ広めたのです。聖武天皇、光明皇后からの信頼も厚く、一学者から大出世をして大臣まで昇進しました。真備の卓越した見識と海を超えた活躍から、学問の神としてだけでなく、海上安全の神としても京都をはじめ出身地の岡山県などに祭神として祀《まつ》る神社があります。

神社　吉備大臣宮（岡山県小田郡）、上御霊神社（京都府京都市上京区）

ご神徳　厄除、こころしずめ、家内安全、家業繁栄 など

坂上田村麻呂

さかのうえのたむらまろ

（758年頃～811年）

平安時代の初期、恒武《かんむ》天皇・平城《へいぜい》天皇・嵯峨《さが》天皇の三代に仕えた武官、坂上田村麻呂は二度にわたり征夷大将軍《せいいたいしょうぐん》を勤め、蝦夷《えみし》征討に絶大な功績を残しました。平城天皇の没後に起こった薬子《くすこ》の変においても、政変を迅速に鎮圧し、嵯峨天皇の時代を支え抜いたのです。田村麻呂の死後、嵯峨天皇は詔を出し、田村麻呂の霊験を以て厄除の大祈祷を行います。これ以降、田村麻呂公は厄除の大神として祀《まつ》られるようになりました。田村麻呂は平安京の東に向かい立ったまま柩《ひつぎ》に納めて埋葬されたと伝わり、すでに死の直後から軍神として厚い信仰の対象になっていたのです。また田村麻呂は、鈴鹿峠《すずかとうげ》の悪鬼《あっき》を討伐して通行の安全を保ったので、今も、交通安全の神様として崇敬されています。

神社　田村神社（滋賀県甲賀市）

ご神徳　厄除、交通安全

菅原道真
すがわらのみちざね
（845年〜903年）

平安時代の学者であり優れた政治家でもあった菅原道真は、宇多天皇に重用されて右大臣にまで昇りつめました。しかし左大臣・藤原時平《ふじわらのときひら》の謀略により大宰府へ左遷され失意のうちに亡くなりました。その死の直後から朝廷関係者の病死や変死が相次いで起こり、さらには朝廷の中核である清涼殿に雷が直撃するという大惨事が勃発します。これらの事故や天災を道真の祟《たた》り

神社　太宰府天満宮（福岡県太宰府市）、北野天満宮（京都府京都市上京区）
ご神徳　学問、至誠《しせい》、厄除け

とする噂が流布《るふ》され、また落雷事件から道真の怨霊が雷神と結びつけられるように。朝廷は火雷神が祀《まつ》られていた京都北野に北野天満宮を建立、左遷先の大宰府にも安楽寺の墓所の上に祀廟《しびょう》を構えて道真の御霊を鎮めようとしたのです。太宰府天満宮の創建です。祟り鎮めの天神様は時代が下るにつれ学問の神として広く信仰されるようになったのです。

平将門《たいらのまさかど》（生年不明〜940年）

平安時代に東国で独立国家の立ち上げを試み、自らを「新皇《しんのう》」と名乗った平将門は、朝敵という烙印を押されて、新皇を自称してからわずか2ヶ月で藤原《ふじわらの》秀郷《ひでさと》らに滅ぼされました。しかし当時まだ未開拓であった関東の武士の力を見せつけ、専制的な政治を行っていた朝廷に反旗を翻《ひるがえ》したことから、死後も将門を慕う人々は多く、次第に神格化されていきました。加えて13世紀末から14世紀初頭にかけて将門の首塚周辺で天変地異が起きたため、そういった異変を鎮めるために1309年に神田明神の相殿神として祀《まつ》られます。以後、将門は勝利の神として人々に広く祈願される対象となったのです。

神社　神田神社（東京都千代田区）

ご神徳　除災厄除、武運招来、関東の守護

安倍晴明《あべのせいめい》（921年〜1005年）

　平安時代に陰陽家として活躍した安倍晴明は、天文博士、主計権助《かずえのごんのすけ》、大膳大夫《だいぜんだいぶ》、左京権大夫《さきょうごんだいぶ》を歴任しました。朝廷より命じられた祭祀などを行う以外にも時の権力者たちの求めに応じて病気や物怪《もののけ》の調伏《ちょうぶく》などを行っていたため、その名声は都に轟《とどろ》いていたのです。『栄花物語《えいがものがたり》』では清明をして「神さびたりし者」と表現し、この世を越えた力を持つ陰陽道の達人として伝えています。存命中からすでにその神格化は始まっており、室町時代の『臥雲日件録《がうんにっけんろく》』でも晴明を「化生《けしょう》のもの」と表現しています。当時としては異例の長寿であった清明の没後、人々は彼の居宅跡に社を創建して霊神として崇めるようになりました。

神社　晴明神社（京都府京都市上京区）、阿倍王子神社・阿部晴明神社（大阪府大阪市）

ご神徳　除災厄除、病気平癒、安産

崇徳天皇《すとくてんのう》（１１１９年～１１６４年）

平安時代の末期、保元の乱で後白河天皇に敗れて讃岐国《さぬきのくに》に流罪となった崇徳天皇は、配流《はいる》先で失意と孤独のうちに亡くなりました。崇徳天皇崩御後、朝廷では摂関家が相次いで亡くなり、安元《あんげん》の大火《たいか》も起こります。平安京のおよそ三分の一が消失するという天災に、巷《ちまた》には崇徳天皇の呪いが噂されるようになりました。１１８４年に怨霊を鎮めるという名目で「崇徳院廟《びょう》」

神社　白峯神宮（京都府京都市上京区）、安井金毘羅宮（京都府京都市東山区）

ご神徳　縁切り、良縁、海上安全、交通安全

を設置以後、崇徳天皇の祟りの噂は中世を通して広く流布していきました。時代が下り明治になると明治天皇は讃岐に勅使を発遣して崇徳院の御霊を京都へ還幸《かんこう》の上、白峰《しらみね》神宮を創建されます。崇徳院崩御八百年目にあたる昭和39年（1964年）の式年祭に、昭和天皇は香川県の崇徳天皇陵に勅使を遣わされました。

後鳥羽上皇《ごとばじょうこう》（1180年〜1239年）

後鳥羽上皇は武士の台頭が著しい鎌倉初期に天皇に即位し、鎌倉幕府の倒幕を目指しましたが、すでに時代は武士の世になっていたのです。鎌倉幕府内では北条政子《ほうじょうまさこ》、北条義時《ほうじょうよしとき》ら武士による執権政治が確立しており、上皇は次第に孤独を深めていきます。やがて上皇と親しかった源実朝《みなもとのさねとも》が暗殺されると上皇は執権追討の院宣を出し、承久の乱（1221年）に発展します。しかし上皇に味方するものは数少なく、幕府の大軍の前に完敗しました。この大敗により後鳥羽上皇は隠岐島《おきのしま》の苅田《かりた》御所に配流《はいる》されてしまいます。上皇は出家して法皇となり、延応《えんおう》元年（1239年）2月に崩御されました。鎌倉にある鶴岡八幡宮今宮は、上皇の怨霊鎮祭のために創建されたものと伝わっています。

神社　水無瀬神宮（大阪府三島郡島本町）、隠岐神社（島根県隠岐郡海士町）

ご神徳　学問成就、交通安全、所願成就

楠木正成《くすのきまさしげ》（生年不明～1336年）

南北朝時代の武将である楠木正成は、後醍醐天皇のもとで鎌倉幕府の打倒に尽力しました。数万を有する幕府軍に対し、わずかな兵力しかなかった正成軍は、知恵と奇抜な戦略で後醍醐天皇方を勝利へ導きます。しかし倒幕後の後醍醐天皇の政策に不満を持つ足利尊氏《あしかがたかうじ》らによって再び大乱が起こると、楠木正成は自軍の劣勢に気づきながらも忠誠を尽くして戦ったのです。

神社　湊川神社（兵庫県神戸市）

ご神徳　国家安穏、開運承服、諸願成就

この正成の忠誠心は吉田松陰や西郷隆盛ら幕末の志士たちから武士の見本として称賛され、水戸光圀（水戸黄門）によって墓碑が建てられます。明治天皇は正成公の忠義を後世に伝えるため神社を創建するよう御命じになり、明治五年（1872年）に神戸の湊《みなと》川《がわ》に「湊川神社《みなとがわじんじゃ》」が創建されたのです。

武田信玄《たけだしんげん》（1521年〜1573年）

戦国時代の武将、武田信玄は甲斐の守護大名・戦国大名です。武田二十四将と呼ばれた有力な側近たちを駆使して越後国の上杉謙信と五次にわたる川中島の戦いで抗争し、甲斐本国に加え信濃、駿河、西上野および遠江《とうとうみ》、三河、美濃、飛騨などを占領しました。大正4年（1915年）、大正天皇の御即位に際して信玄に従三位《じゅさんみ》が追贈されたのを契機に、山梨県民の間に武田神社創建の気運が沸き上がります。また日露戦争後に軍神や武人を祀《まつ》る意識の高まりを背景に官民一体となった神社奉建組織も設立され、大正8年には社殿が竣工、4月12日の命日には「武田神社」初の例祭が行われたのです。人生の艱難辛苦《かんなんしんく》に打ち勝つ、勝利の神として祀られています。

神社 武田神社（山梨県甲府市）

ご神徳 勝運、諸産業興隆

織田信長《おだのぶなが》（1534年〜1582年）

織田信長は、戦国から安土桃山時代に戦国大名として生きました。当時としては珍しく日本を取り巻く世界情勢を正しく把握し、ヨーロッパを始めとした西欧の進んだ文明を積極的に取り入れたのです。信長は既存の因習や伝統に縛られず、行き詰まった日本の政治・社会秩序・宗教権威などを一気に打破しようとしました。志半ばに明智光秀による謀《はかりごと》で命を落としますが、信長のその圧倒的なカリスマ性は他の追従を許さず日本史上に燦然《さんぜん》とした足跡を残したのです。明治2年（1869年）、明治天皇より信長の偉勲《いくん》に対して神社創立の宣下がありました。「建勲《けんくん》」の神号を賜り、別格官幣社《べっかくかんぺいしゃ》に列せられます。以来、織田信長は国家安泰・万民安堵の神として祀《まつ》られています。

神社　建勲神社（京都府京都市北区）

ご神徳　国家安泰、万民安堵

明智光秀《あけちみつひで》（生年不明～1582年）

明智光秀は、主君である織田信長を本能寺で自害させたことから逆臣の名を史上に遺していますが、それは光秀の一面的な評価に過ぎません。光秀は、丹波においては群雄割拠《ぐんゆうかっきょ》していた土地を平定し、その拠点として福知山城を修造し、由良川《ゆらがわ》には長い堤防を構築して川の氾濫を防ぎ、ここに城下町を建築するに当たっては地子《じし》の免除を命ずるなど数々の優れた政治を施していたのです。民衆の生活に重きを置いた治水対策や善政により生前から人々に慕われていたので、光秀が討たれた後もその魂を慰めようとした御霊社が建立されました。光秀の死から120年以上を経た1705年には、光秀を祭神として神社に祀《まつ》っています。

神社　御霊神社（京都府福知山市）

ご神徳　五穀豊穣、商売繁昌、家内安全、諸願成就

豊臣秀吉

（1537年～1598年）

とよとみひでよし

戦国時代、豊臣秀吉は信長に仕え、清州城の割普請《わりぶしん》や美濃墨俣《すのまた》の「一夜城」建設などで活躍し大出世、織田家の重臣の一人になりました。やがて明智光秀による信長暗殺を知ると、破竹《はちく》の勢いで光秀を討ち、その功績を足がかりとして一気に人心を掌握、天下統一を成し遂げたのです。秀吉の死後、埋葬された阿弥《あみ》陀《だ》ヶ峰《みね》のそばで秀吉を祀《まつ》る社殿の建立が始まります。時代

神社　豊国神社（愛知県名古屋市）、豊国神社（京都府京都市）

ご神徳　出世、開運、茶道、建設

は下り、明治元年（１８６８年）には明治天皇より太閤秀吉を奉祀《ほうし》する豊国神社の再興の命が下り、これを受けて明治六年（１８９３年）に京都の阿弥院峯墓前を本社として社殿が造営されました。一介の足軽から天下人まで一気に上りつめた秀吉にちなんで出世開運の神とされ、今も篤《あつ》い信仰を集めています

徳川家康《とくがわいえやす》（1543年〜1616年）

戦国時代、徳川家康は桶狭間の戦いで信長を助け、武勲《ぶくん》をあげます。以降、信長と共に浅井・朝倉両連合を撃破し、天正10年（1582年）には甲信地方も支配下に置きました。信長の死後は豊臣秀吉へ臣従します。しかし秀吉が没すると次第に天下統一への野望を表に出し始め、関ヶ原の戦いにおいて石田三成ら豊臣側の力を一挙に潰すと実質的に天下統一を成し遂げたのです。天下統一後は「武家諸法度《ぶけしょはっと》」や「禁中並公家諸法度《きんちゅうならびにくげしょはっと》」を制定し、徳川による支配を強固なものとしました。家康の遺言により死後遺体は久能山《くのうざん》に移送され、吉田神道による神葬祭が行われました。同時に江戸の増上寺にも廟《びょう》がつくられ、天海僧正の唱える山王一実神道《さんのういちじつ》によって、東照大権現の神号が贈られたのです。

神社　日光東照宮（栃木県日光市）

ご神徳　国家鎮護、学業成就、産業興隆 など

吉田松陰《よしだしょういん》（1830年〜1859年）

幼少の頃より「神童」と呼ばれた吉田松陰は、かの有名な松下村塾を開き、当時の厳しい身分制度を超えて、士族だけでなく商人でも自由に通い学び情報の交換ができる学びの場を提供しました。松下村塾が輩出した人材は山縣有朋《やまがたありとも》や伊藤博文《いとうひろぶみ》など、のちの明治維新の原動力となり、また新政府の中核となって活躍しました。松陰自身は江戸幕府を批判し続けることをやめず、また政府要人の暗殺を幾度も試みたため、ついには江戸幕府によって捕縛されて処刑されます。しかし彼の思想は弟子たちに脈々と受け継がれ、明治新政府で要職に就いたかつての弟子たちは、師であった吉田松陰を祀る「松陰神社」を明治40年に創建しました。松下村塾のあった場所が、そのまま神社となったのです。

神社　松陰神社（東京都世田谷区）、松陰神社（山口県萩市）

ご神徳　学問向上、開運厄除

秀吉と家康、死後の「神号」争い

豊臣秀吉は、亡くなった翌年には京都東山に廟所《びょうしょ》が建てられ、後《ご》陽成《ようぜい》天皇から正一位《しょういちい》の神階と「豊国大明神」の神号を賜りました。

当時、特別に崇敬される神のことを「大明神」と呼んでおり、秀吉はその神階を得たのです。徳川家康も亡くなると秀吉と同じ神階と「東照大権現《とうしょうだいごんげん》」の神号を賜ります。

実は当初、秀吉と同じ「大明神」にすべきという声が上がったのですが、家康の側近である天台宗の僧侶、天海の強い反発がありました。

一言で言えば秀吉と同じ神号「大明神」では秀吉と同格になる、天下を得た徳川家にとっては同格では納得いかないので差別化を図りたいという主張です。そこで家康には「大権現」の神号が与えられたのです。権力者の死後の祀られかたにまで、当時の政権の思惑が影を落としていたのです。

第五章
暮らしを守る神様

自然の神

清らかな水や爽やかな風、野…私たちに恵みを与えてくれる自然には伊邪那岐命《いざなぎのみこと》と伊邪那美命《いざなみのみこと》から誕生した神々の力が働いています。

風の神　志那都比古神《しなつひこのかみ》

伊邪那岐命が息を吸い、辺り一面に立ち込めた霧を吹きはらおうとしたとき、その息から生まれ出た神が風の神、志那都比古神です。時代ははるかに下り鎌倉時代、かの蒙古《もうこ》軍が日本に攻めて来たときも暴風が起こり、元軍の侵略から日本の国土は守られました。人々はこれを「風の神である志那都比古神が自分たちを護ってくださった」と感謝を捧げたのです。

川の神 速秋津比古神・速秋津比売神 はやあきつひこのかみ・はやあきつひめのかみ

速秋津比古神・速秋津比売神は、穢《けが》れや罪を丸ごと飲みこみ流し去る、川を司る男女神です。「水に流す」という言葉にあるように、川は一つの方向に流れていきます。海の波のように寄せては返すことはありません。人々の災厄や悩みを流し去るありがたい存在として二神は尊崇《そんすう》されています。

野の神 鹿屋野比売神 かやのひめのかみ

鹿屋野比売神は、草原、野や草の女神です。伊邪那岐命と伊邪那美命が風の神、木の神、山の神と続けて産んだ後、この野の神、鹿屋野比売神が生まれました。「カヤ」とは萱《かや》のこと。葦《あし》やススキの仲間で古代から人々が活用してきた植物です。鹿屋野比売神が緑をもたらし育むことで、その豊かな恩恵を人々は蒙《こうむ》ることができたのです。

七福神

お祝い事には欠かせない神々が七福神です。室町時代に中国の「竹林の七賢」の画題になぞらえ福の神を七柱そろえて信奉することから始まりました。

恵比寿　えびす

商売繁盛の神として有名ですが、元々は漁業の神。伊邪那美命《いざなみのみこと》により川に流された水蛭子《ひるこ》であるという説と、大国主神《おおくにぬしのかみ》の息子である八重事代主神《やえことしろぬしのかみ》であるという説が伝わります。

大黒天　だいこくてん

創造と破壊を司るヒンドゥー教のシヴァ神の化身ですが、豊穣《ほうじょう》の神として日本では大国主神《おおくにぬしのかみ》として広まりました。袋には七宝が入っていると言われます。

弁財天　べんざいてん

富と財産、芸能の神としても尊崇されています。弁才天は、吉祥天《きっしょうてん》他の様々な神の一面を吸収し、日本神話に登場する宗《むな》像《かた》三女神《さんじょしん》と同一視される事も多いです。

毘沙門天《びしゃもんてん》

武将たちから厚い信仰を受けた毘沙門天は、ヒンドゥー教由来の神。仏教における天部の仏神で、持国天《じこくてん》、増長天《ぞうちょうてん》、広目天《こうもくてん》と共に四天王の一尊に数えられます。

布袋和尚《ほていわじょう》

良縁、夫婦円満、子宝の神であり、中国の実在の僧侶だったと伝わります。袋を背負っていたことから布袋と呼ばれるようになりました。丸々としたお腹が特徴です。

寿老人《じゅろうじん》

大陸の道教の神であり、かの思想家・老子が仙人になった姿とも言われ、鹿を連れています。長寿を授け、健康、幸福、福徳、長寿の神です。

福禄寿《ふくろくじゅ》

大陸の道教の神であり、人々に強く望まれる幸福、封禄（財産）、長寿（長生きではなく健康を伴う長寿）の三徳を司る神です。頭とひげが長く描かれています。

家の神

馬小屋や便所、食事を煮炊きするかまどにすら神々が存在します。家内安全を願う日本人の思いが、生活に密着した神々を生み出してきたのです。

厠の神《かわやのかみ》

厠とは便所のこと。祀《まつ》り方は花を供えたり、小さな神棚を設けたり、新設するときに甕《かめ》の下に人形を埋めたり、大病になったときに願を掛けて花や酒を供えたりするなど様々です。

厩の神《うまやのかみ》

馬小屋で信仰されていた守り神です。昔の農家にとっての馬は、牛と並んで貴重な労働力であり大切に扱われていました。馬を守護する存在として崇められたものが厩の神のはじまりです。

竈の神《かまどのかみ》

囲炉裏・台所など火を使う場所に祀られる神です。名称や祀り方は地方によって様々ですが、一般に東日本ではオカマサマ、西日本ではコウジン（荒神）サマと呼ばれ、神符や小さな神棚などをかまどの近くに祀っています。

箒神《ほうきがみ》

箒に宿る神です。安産の守り神とされ、箒で産婦の腹をなでたり足許《あしもと》に逆さに立てたりします。古代、ホウキは掃除道具という価値を超えて神聖視されていました。『古事記』には「玉箒《たまばはき》」や「帚持《ははきもち》」という言葉で表現されており、実用的な道具としてだけでなく祭祀用の道具として登場します。

家の神

上棟祭の神

竣工後も建物が無事であるよう祈願する「上棟祭」で祀られる神々です。

手置帆負命・彦狭知命

たおきほおいのみこと・ひこさしりのみこと

この二柱は、天照大御神が天の岩戸にお隠れになった時、天御量《あまつみはかり》をもって木を伐り、瑞殿《みずのみあらか》という御殿を造営したと伝わっています。

屋船久々遅命

やふねくくのちのかみ

「久久」は茎のこと、「智」は霊的な力の尊称です。木の神として伊《い》邪那岐命《ざなぎのみこと》と伊《い》邪那美命《ざなみのみこと》から生まれました。白木は神聖視され、神社の社殿に用いられています。

屋船豊受姫命

やふねとようけひめのかみ

豊受姫は豊かな稲の女神で穀霊の意味。神名の「屋船」は屋根や壁代、縄などに稲藁《いなわら》が多く用いられたことと関係があると言われています。家の守り神です。

地域の神

氏神

同じ地域（集落）に住む人々が共同で祀る神道の神を指します。中臣《なかとみ》氏は天《あめの》児屋命《こやねのみこと》・建御雷神《たけみかづちのかみ》、宇佐氏は八幡神《はちまんしん》、三輪氏は大物主神《おおものぬしのかみ》などを祀りました。

氏神　うじがみ

古代からその氏の人たちだけが祀った神々のこと。祖先の神と観念され、中世以降は、地域所在の神や神社を氏神と言うようになりました。

鎮守神　ちんじゅがみ

土地に鎮まり、土地やその所有者を護る神のこと。平安時代になると荘園領主たちは、領地の守護神を祀るようになりました。のちに地域の氏神も鎮守神と呼ばれます。

産土神　うぶすながみ

その者が産まれた土地の神であり、一生守護すると考えられています。生涯を通じて同じ所に住むことが多かったので、産土神と鎮守神と氏神は異称同神でした。

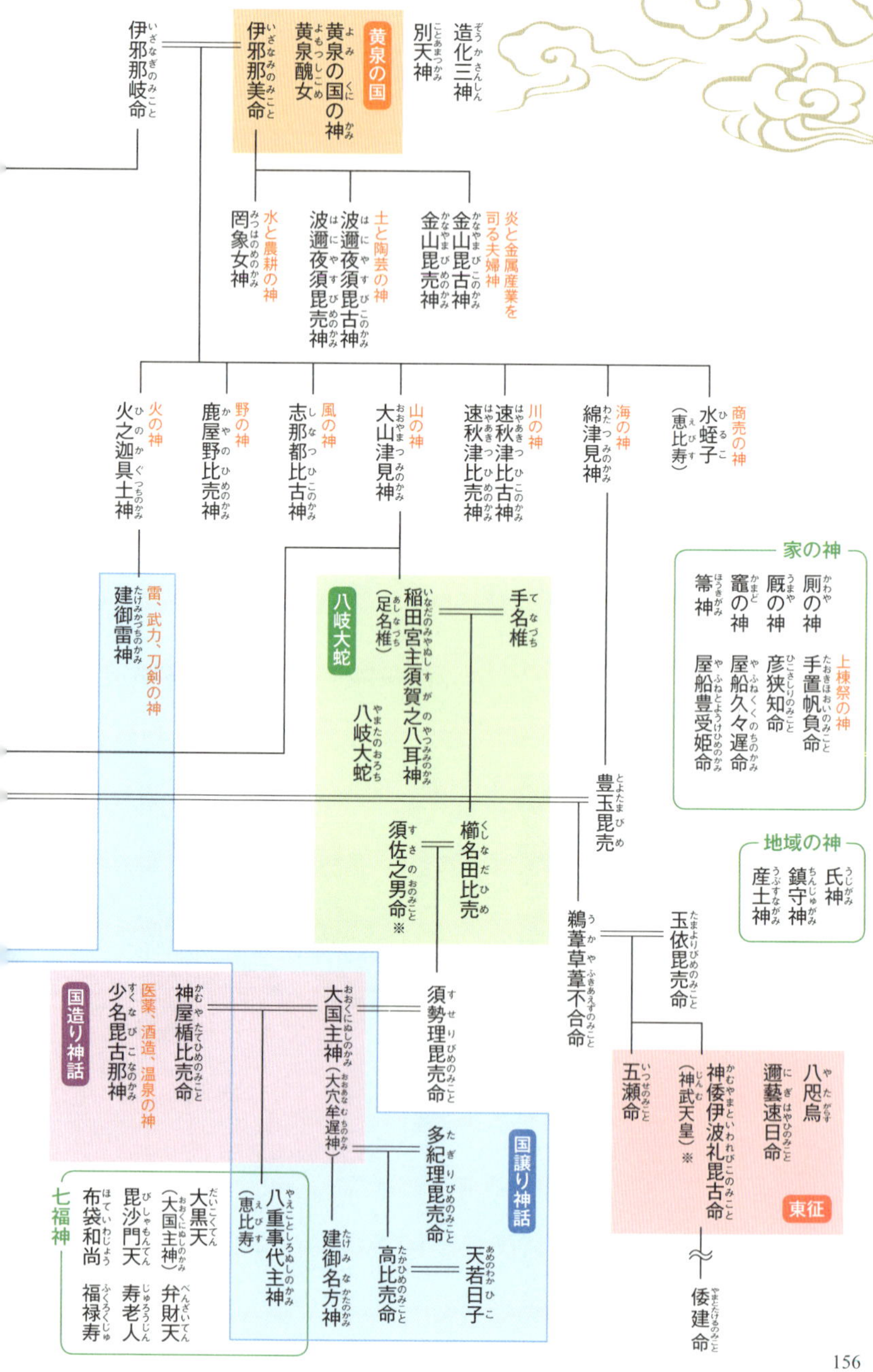
造化三神《ぞうかさんしん》
別天神《ことあまつかみ》
黄泉の国
黄泉の国の神《よみのくにのかみ》
黄泉醜女《よもつしこめ》
伊邪那美命《いざなみのみこと》
伊邪那岐命《いざなぎのみこと》
炎と金属産業を司る夫婦神
金山毘古神《かなやまびこのかみ》
金山毘売神《かなやまびめのかみ》
土と陶芸の神
波邇夜須毘古神《はにやすびこのかみ》
波邇夜須毘売神《はにやすびめのかみ》
水と農耕の神
罔象女神《みつはのめのかみ》
商売の神
水蛭子《ひるこ》
（恵比寿《えびす》）
海の神
綿津見神《わたつみのかみ》
川の神
速秋津比古神《はやあきつひこのかみ》
速秋津比売神《はやあきつひめのかみ》
山の神
大山津見神《おおやまつみのかみ》
風の神
志那都比古神《しなつひこのかみ》
野の神
鹿屋野比売神《かやのひめのかみ》
火の神
火之迦具土神《ひのかぐつちのかみ》
家の神
厠《かわや》の神
厩《うまや》の神
竈《かまど》の神
箒神《ほうきがみ》
上棟祭の神
手置帆負命《たおきほおいのみこと》
彦狭知命《ひこさしりのみこと》
屋船久々遅命《やふねくくのちのかみ》
屋船豊受姫命《やふねとようけひめのかみ》
八岐大蛇
手名椎《てなづち》
稲田宮主須賀之八耳神《いなだのみやぬしすがのやつみみのかみ》
（足名椎《あしなづち》）
八岐大蛇《やまたのおろち》
雷、武力、刀剣の神
建御雷神《たけみかづちのかみ》
豊玉毘売《とよたまびめ》
櫛名田比売《くしなだひめ》
須佐之男命《すさのおのみこと》※
地域の神
氏神《うじがみ》
鎮守神《ちんじゅがみ》
産土神《うぶすながみ》
玉依毘売命《たまよりびめのみこと》
鵜葺草葺不合命《うかやふきあえずのみこと》
八咫烏《やたがらす》
邇藝速日命《にぎはやひのみこと》
東征
神倭伊波礼毘古命《かむやまといわれびこのみこと》
（神武天皇《じんむ》）※
五瀬命《いつせのみこと》
倭建命《やまとたけるのみこと》
須勢理毘売命《すせりびめのみこと》
大国主神《おおくにぬしのかみ》（大穴牟遅神《おおあなむちのかみ》）
神屋楯比売命《かむやたてひめのみこと》
医薬、酒造、温泉の神
少名毘古那神《すくなびこなのかみ》
国造り神話
国譲り神話
多紀理毘売命《たぎりびめのみこと》
天若日子《あめのわかひこ》
高比売命《たかひめのみこと》
建御名方神《たけみなかたのかみ》
八重事代主神《やえことしろぬしのかみ》
（恵比寿《えびす》）
七福神
大黒天《だいこくてん》
（大国主神《おおくにぬしのかみ》）
弁財天《べんざいてん》
毘沙門天《びしゃもんてん》
寿老人《じゅろうじん》
布袋和尚《ほていおしょう》
福禄寿《ふくろくじゅ》

神様の系譜

※の付いた神は２ヵ所以上に登場しています。

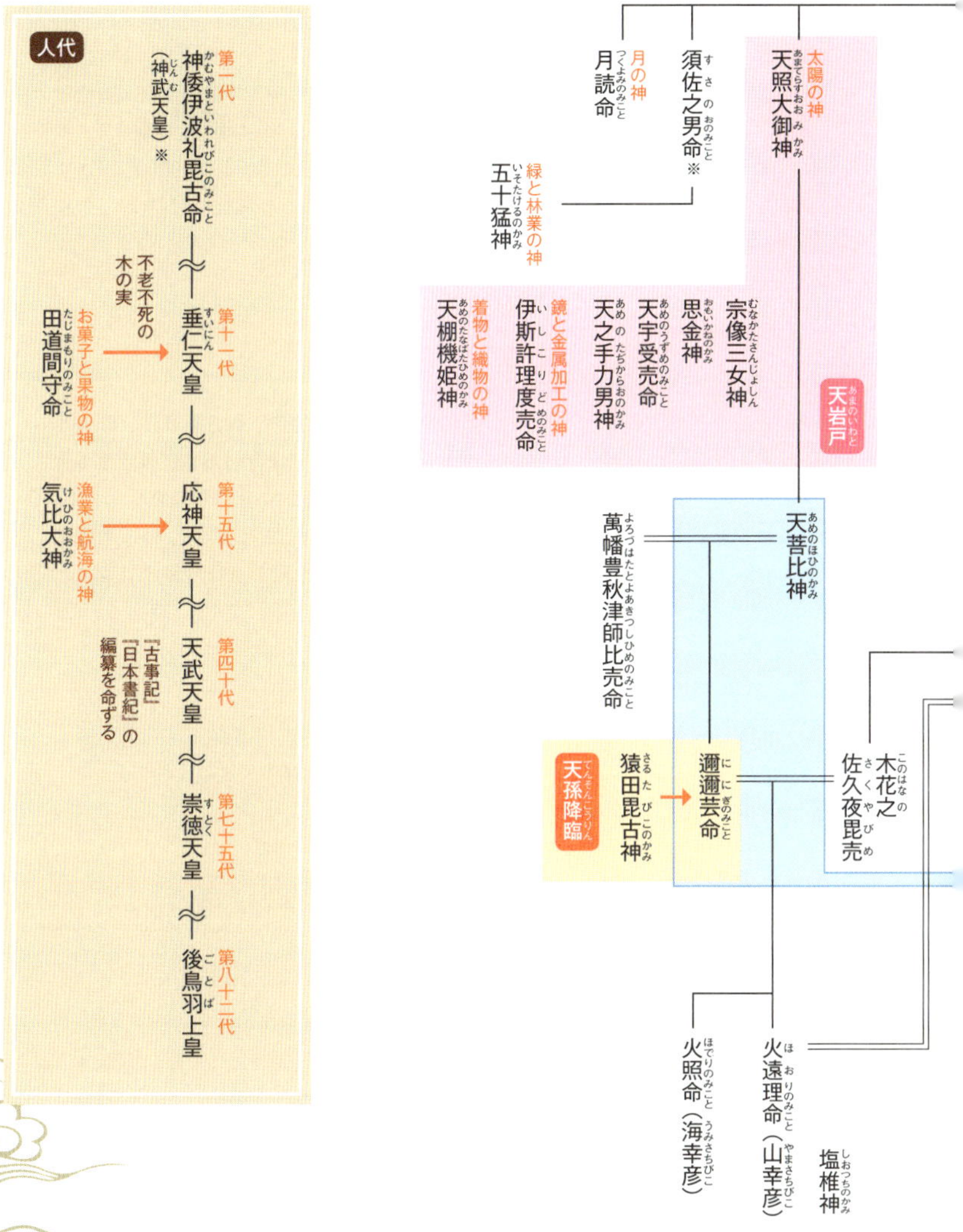

［監修］櫻井治男（さくらい はるお）

宗教学者。1949年京都府生まれ。皇學館大学名誉教授。専門は宗教学、宗教社会学、神社祭祀研究。日本宗教学会評議員・神道宗教学会理事などを務める。1992年、神道宗教学会奨励賞受賞。近代に政府が主導した神社合併後の跡地で祭祀が続けられる実態を「神社復祀」と命名し研究する。2018年、第28回南方熊楠賞（人文の部）を受賞。著書は編著・共著も含め多数。著書に『日本人と神様』（ポプラ新書）、『地域神社の宗教学』（弘文堂）、『知識ゼロからの神社入門』（幻冬舎）、『神道の多面的価値』（皇學館大学出版）などがある。

［画］臼井 治（うすい おさむ）

日本画家、日本美術院 特待。愛知県立芸術大学大学院美術研修科修了。師は片岡球子。愛知県立芸術大学日本画非常勤講師、同大学法隆寺金色堂壁画模写事業参加を経て、現在は朝日カルチャーセンターなどで日本画の講師を務める。また、国内のみならずリトアニア、台湾など海外での個展も開催。近年は、寺社の障壁画、屏風画を手掛けるなど、日本古来の伝統的技法を駆使し多岐に渡り活躍中。

［文］菅原こころ（すがわら こころ）

取材ライター。1976年生まれ、同志社大学文学部卒業。広告代理店の制作ディレクターを経てフリーランスに。薬師寺・加藤朝胤監修の『般ニャ心経』『ワン若心経』にて取材・執筆を担当。他に『常識なんてにゃんセンス 人生を変えるニーチェの言葉』『ブッダの言葉エッセイ』（いずれもリベラル社）など。

［参考文献］

日本人と神様（ポプラ新書）／地域神社の宗教学（弘文堂）／知識ゼロからの神社入門（幻冬舎）／神道の多面的価値（皇學館大学出版）／古事記（岩波文庫）／古事記 新潮日本古典集成（新潮社）／日本古典文学全集〈1〉古事記・上代歌謡（小学館）／日本の神様と楽しく生きる（東邦出版）／日本の神様 解剖図鑑（エクスナレッジ）　など

監修　櫻井治男
画　臼井 治
文　菅原こころ
装丁　宮下ヨシヲ（サイフォン グラフィカ）
本文デザイン　渡辺靖子（リベラル社）
編集人　伊藤光恵（リベラル社）
営業　廣田修（リベラル社）

編集部　堀友香・山田吉之・山中裕加・須田菜乃
営業部　津村卓・津田滋春・青木ちはる・澤順二・大野勝司・竹本健志
制作・営業コーディネーター　仲野進

くり返し読みたい 日本の神様

2019年1月29日　初版

発行者　隅田直樹
発行所　株式会社 リベラル社
〒460-0008 名古屋市中区栄3-7-9 新鏡栄ビル8F
TEL 052-261-9101　FAX 052-261-9134　http://liberalsya.com
発　売　株式会社 星雲社（共同出版社・流通責任出版社）
〒112-0005 東京都文京区水道1-3-30
TEL 03-3868-3275

ISBN978-4-434-27083-3